AF188006

Impressum
Verlag: BABADADA GmbH, Nedderfeld 112 , 22529 Hamburg
Geschäftsführer / Verlagsleitung: Harald Hof
Druck: Books on Demand GmbH, In de Tarpen 42, 22848 Norderstedt

Imprint
Publisher: BABADADA GmbH, Nedderfeld 112 , 22529 Hamburg, Germany
Managing Director / Publishing direction: Harald Hof
Print: Books on Demand GmbH, In de Tarpen 42, 22848 Norderstedt

skole
escola

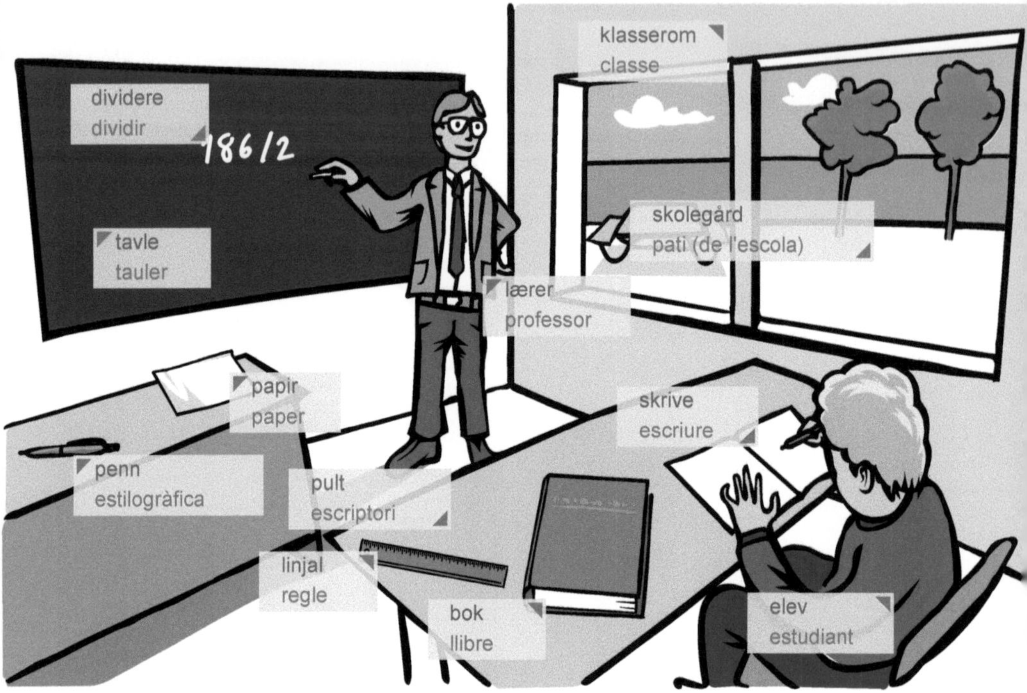

klasserom
classe
dividere
dividir
186/2
skolegård
pati (de l'escola)
tavle
tauler
lærer
professor
papir
paper
skrive
escriure
penn
estilogràfica
pult
escriptori
linjal
regle
bok
llibre
elev
estudiant

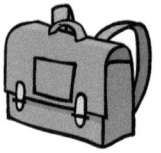

ransel

bossa

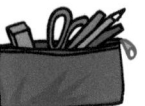

penal

estoig

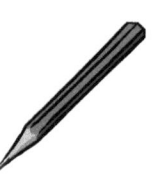

blyant

llapis

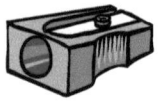

blyantspisser

maquineta de fer punta

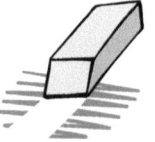

viskelær

goma

tegneblokk

bloc de dibuix

tegning

dibuix

pensel

pinzell

malerskrin

capsa de pintures

saks

tisores

lim

cola

arbeidsbok

quadern d'exercicis

lekse

deures

tall

nombre

addere

afegir

subtrahere

sostreure

multiplisere

multiplicar

regne

calcular

bokstav

lletra

alfabet

alfabet

ord

mot

tekst

text

lese

llegir

kritt

guix

skoletime

lliçó

klassebok

llibre de classe

eksamen

examen

vitnemål

certificat

skoleuniform

uniforme escolar

utdannelse

formació

leksikon

enciclopèdia

universitet

universitat

mikroskop

microscopi

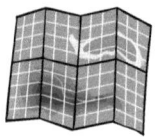

kart

mapa

papirkurv

paperera

reise
viatge

Grand
hotell
hotel
pensjonat
alberg
ROOMS
vekslingskontor
oficina de canvi
EXCHANGE
koffert
maleta
bil
automòbil

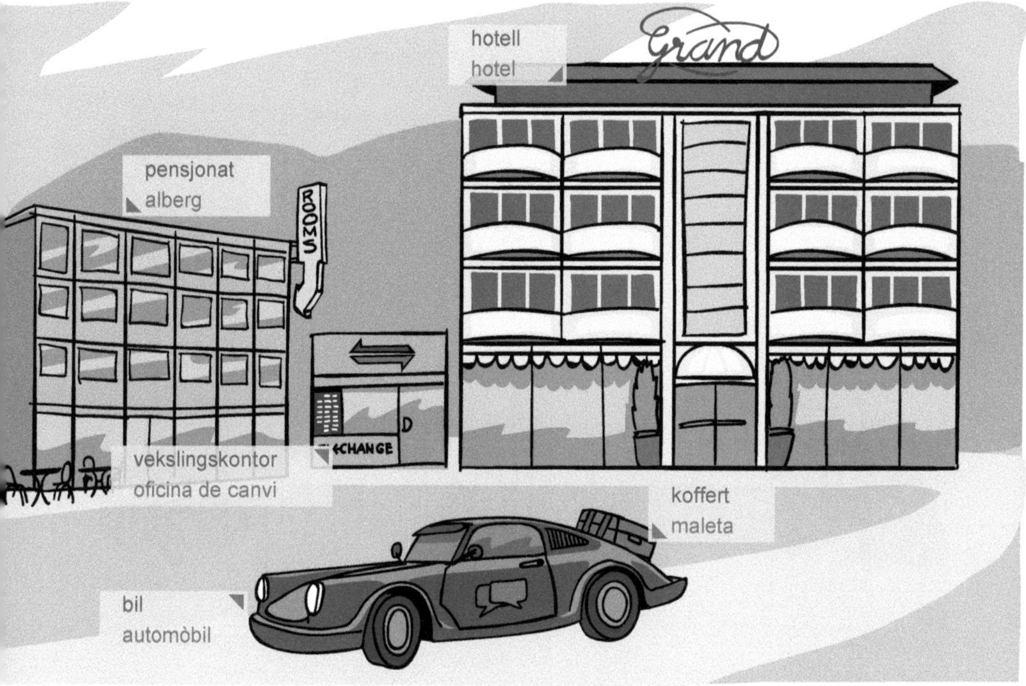

språk

llengua

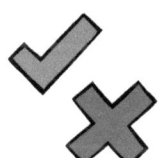

ja / nei

sí / no

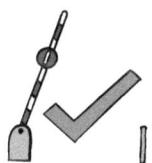

okay

D'acord

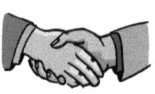

Hei

Ey!

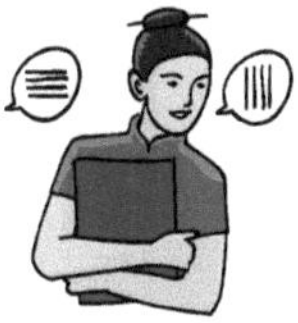

tolk

traductora

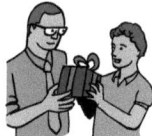

takk skal du ha

gràcies

Hva koster...?

Quant costa... ?

Jeg forstår ikke

No entenc

problem

problema

God kveld!

Bona nit!

God morgen!

bon dia!

God natt!

bona nit!

ha det bra

fins aviat

retning

direcció

bagasje

bagatge

veske

bossa

ryggsekk

sarrona

gjest

convidat

rom

cambra

sovepose

sac de dormir

telt

tenda

turistinformasjon

oficina de turisme

strand

platja

kredittkort

carta de crèdit

frokost

esmorzar

lunsj

dinar

middag

sopar

billett

bitllet

heis

ascensor

stempel

segell

grense

frontera

toll

duana

ambassade

ambaixada

visum

visat

pass

passaport

transport
transport

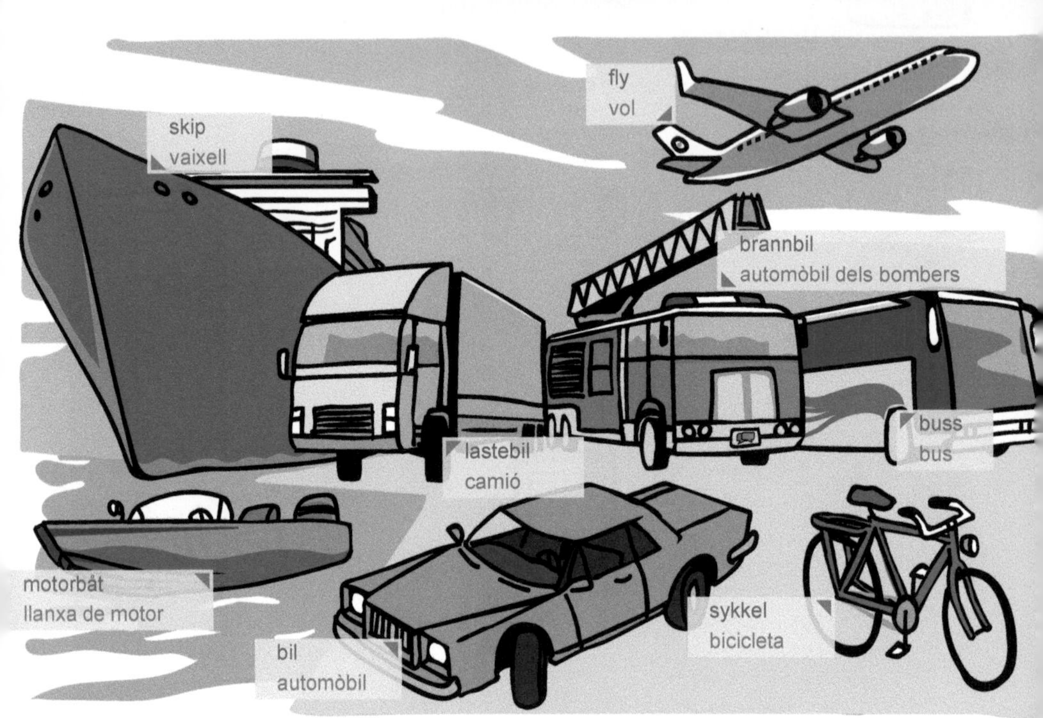
skip
vaixell
fly
vol
brannbil
automòbil dels bombers
lastebil
camió
buss
bus
motorbåt
llanxa de motor
bil
automòbil
sykkel
bicicleta

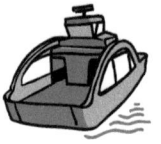

ferge

transbordador

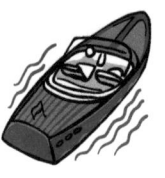

båt

barca

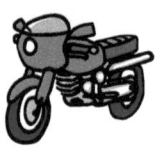

motorsykkel

moto

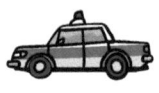

politibil

automòbil de policia

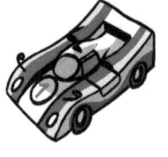

racerbil

automòbil de curses

leiebil

automòbil de lloguer

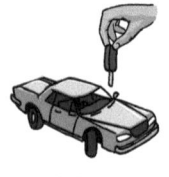

bilkollektiv

vehicle compartit

bergingsbil

grua

søppelbil

camió de les escombraries

motor

motor

brennstoff

benzina

bensinstasjon

benzineria

trafikkskilt

senyal de trànsit

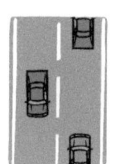

trafikk

trànsit

trafikkork

embús

parkeringsplass

aparcament

togstasjon

estació de trens

skinne

vies

tog

tren

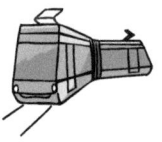

trikk

tramvia

vogn

vagó

helikopter

helicòpter

flyplass

aeroport

tårn

torre

passasjer

passatger

konteiner

contenidor

kartong

capsa de cartó

tralle

carretó

kurv

cistella

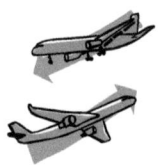

starte / lande

enlairar-se / aterrar

by

ciutat

landsby

poble

sentrum

centre de la ciutat

hus

casa

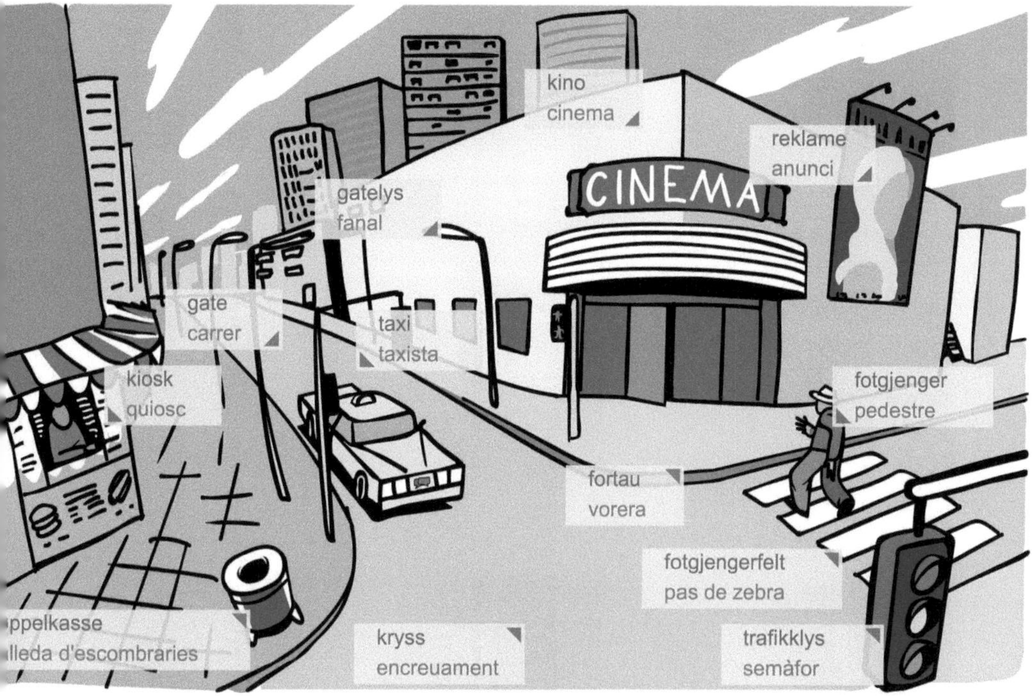
kino
cinema
reklame
anunci
CINEMA
gatelys
fanal
gate
carrer
taxi
taxista
kiosk
quiosc
fotgjenger
pedestre
fortau
vorera
fotgjengerfelt
pas de zebra
ppelkasse
lleda d'escombraries
kryss
encreuament
trafikklys
semàfor

hytte

cabana

leilighet

apartament

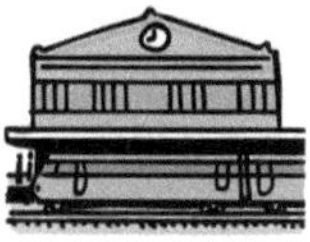

togstasjon

estació de trens

rådhus

casa de la vila-ciutat

MUSEUM

museum

museu

skole

escola

universitet

universitat

bank

banca

sykehus

hospital

hotell

hotel

apotek

farmàcia

kontor

oficina

bokhandel

llibreria

butikk

botiga

blomsterbutikk

floristeria

matbutikk

supermercat

marked

mercat

varehus

gran magatzem

fiskehandler

peixateria

kjøpesenter

centre comercial

havn

port

park
parc

benk
banc

bro
pont

trapp
escala

t-bane
metro

tunnel
túnel

busstopp
parada d'autobús

bar
bar

restaurant
restaurant

postkasse
bústia de correu

gateskilt
senyal indicador

parkometer
parquímetre

dyrehage
zoo

svømmebasseng
piscina

moské
mesquita

bondegård
granja

miljøforurensing
pol·lució

kirkegård
cementiri

kirke
església

lekeplass
parc infantil

tempel
temple

landskap

paisatge

blad
fulla

veiviser
cartell indicador

vei
camí

eng
prat

stein
pedra

turgåer
excursionista

tre
arbre

elv
riu

gress
gespa

blomst
flor

dal
vall

fjell
muntanya

innsjø
llac

skog
bosc

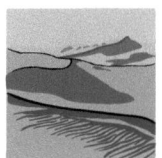

ørken
desert

vulkan
volcà

slott
castell

regnbue
arc de Sant Martí

sopp
bolet

palmetre
palmera

mygg
moscard

flue
mosca

maur
formiga

bie
abella

edderkopp
aranya

landskap - paisatge

15

bille

escarabat

frosk

granota

ekorn

esquirol

piggsvin

eriçó

hare

llebre

ugle

òliba

fugl

ocell

svane

cigne

villsvin

senglar

hjort

cervo

elg

ant

demning

presa

vindturbin

turbina

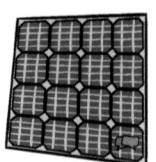

solcellepanel

panell solar

klima

clima

landskap - paisatge

restaurant
restaurant

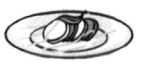

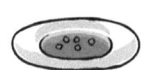

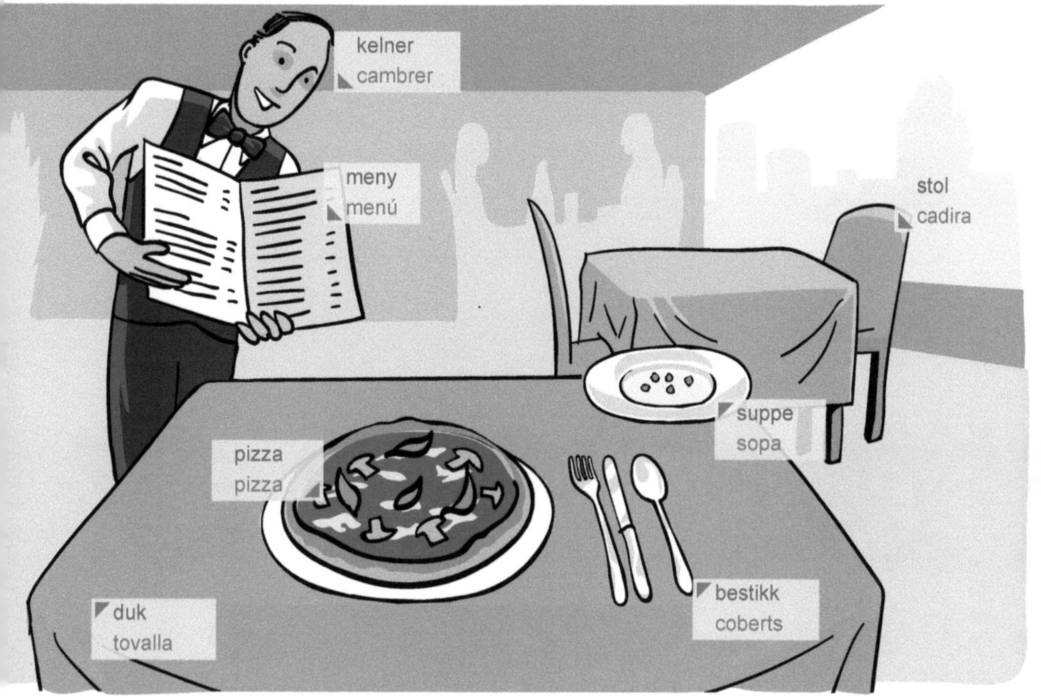

kelner
cambrer
meny
menú
stol
cadira
suppe
sopa
pizza
pizza
bestikk
coberts
duk
tovalla

forrett
primer plat

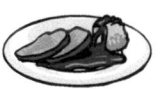

hovedrett
plat principal

dessert
darreries

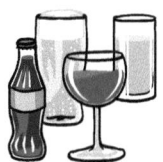

drikkevarer
begudes

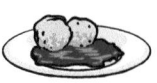

mat
menjar

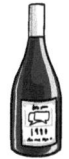

flaske
ampolla

hurtigmat

menjar ràpid

gatemat

menjar de carrer

tekanne

tetera

sukkerskål

sucrer

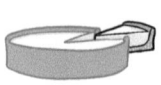

porsjon

porció

espressomaskin

màquina d'espresso

barnestol

trona

regning

factura

brett

plata

kniv

ganivet

gaffel

forqueta

skje

cullera

teskje

cullereta

serviett

tovalló

glass

got

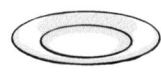

tallerken

plat

suppetallerken

plat de sopa

skål

plateret

saus

salsa

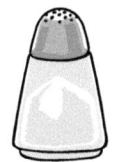

saltbøsse

saler

pepperkvern

molinet de pebre

eddik

vinagre

olje

oli

krydder

espècies

ketchup

quètxup

sennep

mostassa

majones

maionesa

matbutikk

supermercat

tilbud
oferta especial
FOR
kunde
client
meieriprodukt
productes lactis
frukt
fruites
handlevogn
carret de la compra

BUTCHERS

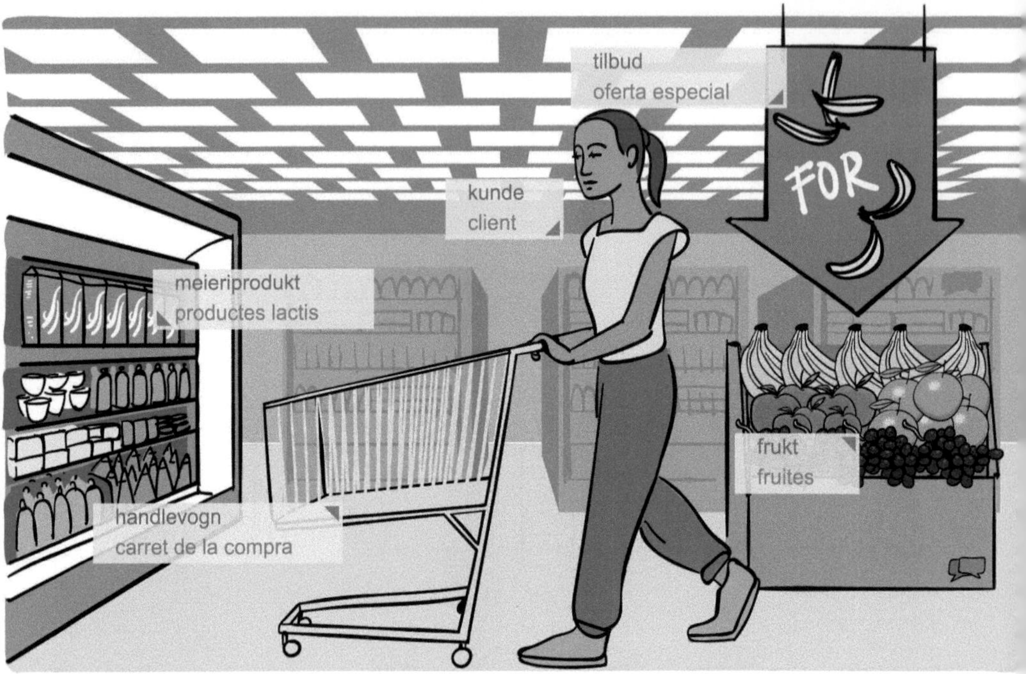

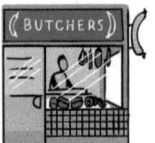

slakter

carnisseria

BAKERY

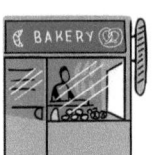

bakeri

forn de pa

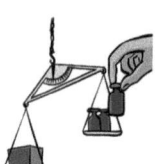

veie

pesar

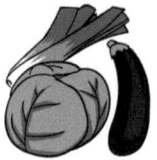

grønnsaker

verdures

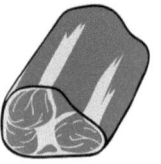

kjøtt

carn

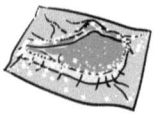

frysevarer

menjar congelat

oppskåret pålegg

carn freda

hermetikk

conserves

vaskepulver

detergent en pols

godteri

dolços

husholdningsprodukter

articles domèstics

rengjøringsmidler

productes de neteja

butikkmedarbeider

venedora

kassaapparat

caixa registradora

kasserer

caixera

handleliste

llista de la compra

åpningstider

horari d'obertura

lommebok

portamonedes

kredittkort

carta de crèdit

veske

bossa

plastpose

bossa de plàstic

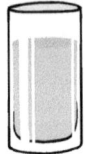

vann

aigua

juice

suc

melk

llet

cola

coca-cola

vin

vi

øl

cervesa

alkohol

alcohol

kakao

cacau

te

te

kaffe

cafè

espresso

espresso

cappuccino

cappuccino

banan

banana

eple

poma

appelsin

taronja

melon

síndria

sitron

llimona

gulrot

pastanaga

hvitløk

all

bambus

bambú

løk

ceba

sopp

bolet

nøtter

avellanes

nudler

fideus

spagetti

espaguetis

ris

arròs

salat

amanida

pommes frites

patates fregides

stekte poteter

patates fregides

pizza

pizza

hamburger

hamburguesa

sandwich

entrepà

biff

escalopa

skinke

cuixot

salami

salami

pølse

salsitxa

kylling

pollastre

stek

rostit

fisk

peix

havregryn

flocs de civada

müsli

musli

cornflakes

cereals

mel

farina

croissant

croissant

rundstykke

panet

brød

pa

ristet brød

torrada

kjeks

bescuits

smør

mantega

kvarg

mató

kake

pastís

egg

ou

speilegg

ou fregit

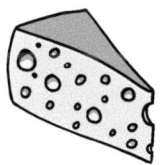

ost

formatge

iskrem
gelat

sukker
sucre

honning
mel

syltetøy
melmelada

sjokoladepålegg
crema de xocolata

karri
curri

bondegård
granja

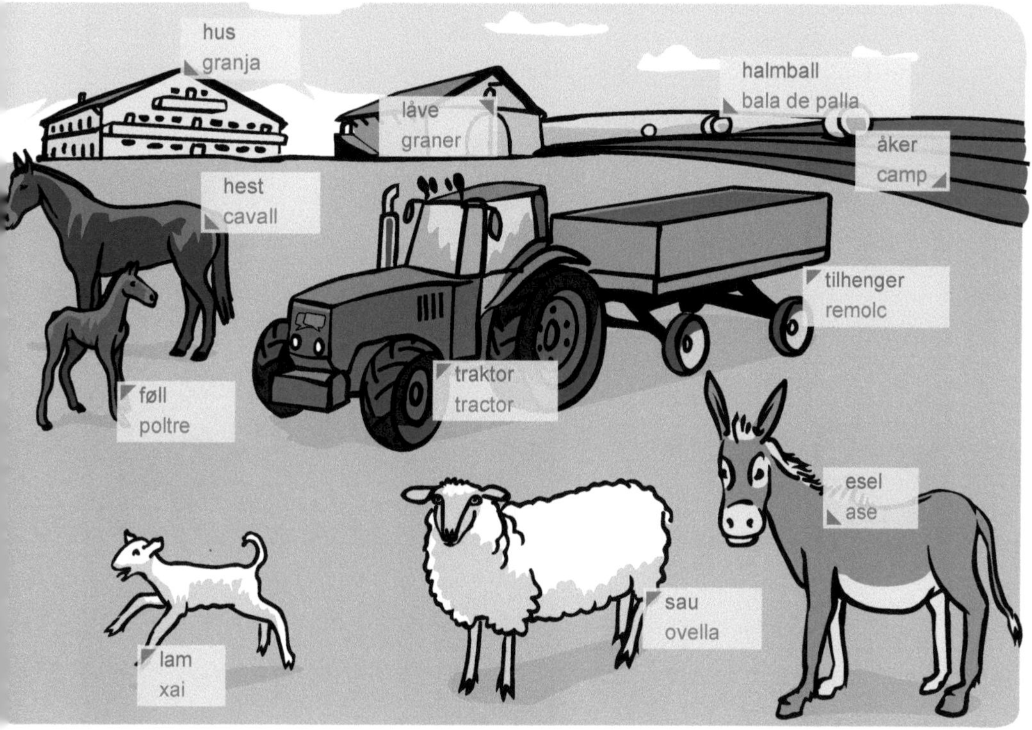

hus
granja
låve
graner
halmball
bala de palla
åker
camp
hest
cavall
tilhenger
remolc
føll
poltre
traktor
tractor
esel
ase
sau
ovella
lam
xai

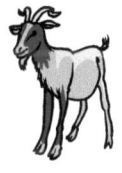

geit

cabra

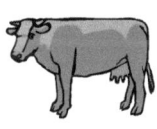

ku

vaca

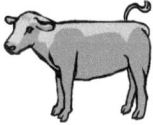

kalv

vedella

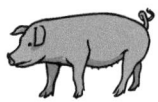

gris

porc

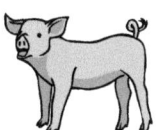

grisunge

garrí

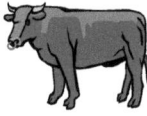

okse

bou

gås
oca

and
ànec

kylling
poll

høne
gall

hane
gallina

rotte
rata

katt
gat

mus
ratolí

okse
bou

hund
gos

hundehus
gossera

hageslange
mànega de regar

vannkanne
regadora

ljå
dalla

plog
arada

sigd
falç

hakke
aixada

høygaffel
forca

øks
destral

trillebår
carretó

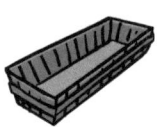

trau
abeurador

melkekanne
lletera

sekk
sac

gjerde
tanca

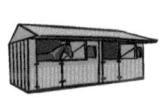

fjøs
establa

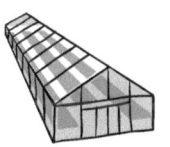

drivhus
hivernacle

jord
sòl

frø
llavor

gjødsel
adob

skurtresker
collidora

høste

collir

innhøsting

collita

yams

nyam

hvete

blat

soja

soja

potet

patata

mais

blat de moro o d'indi

raps

colza

frukttre

arbre fruiter

kassava

mandioca

korn

cereals

hus

casa

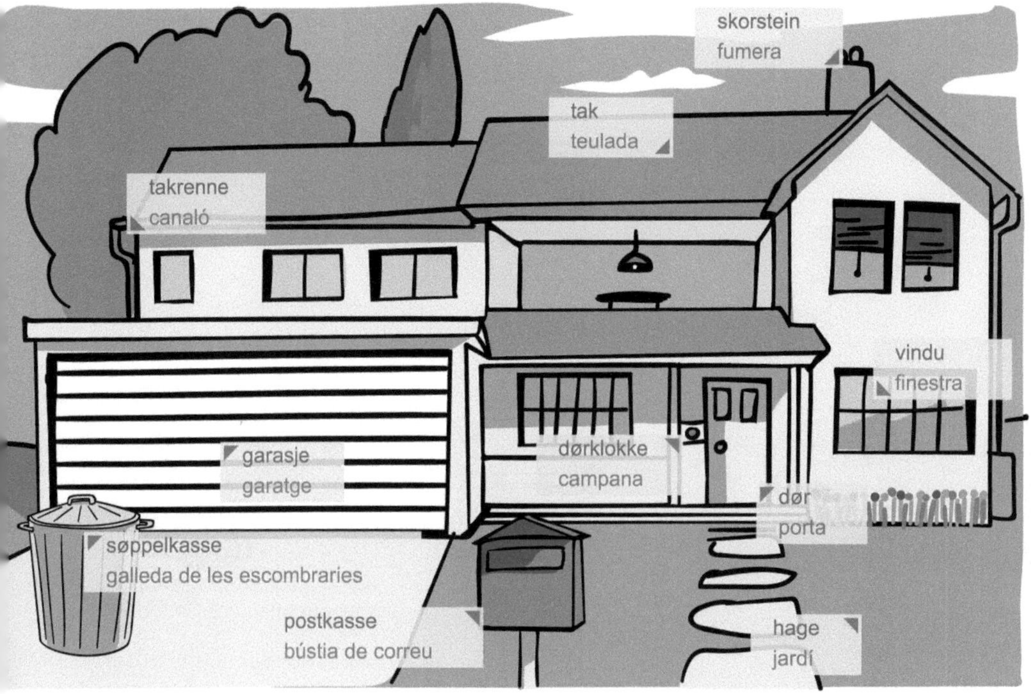
skorstein
fumera
tak
teulada
takrenne
canaló
vindu
finestra
garasje
garatge
dørklokke
campana
dør
porta
søppelkasse
galleda de les escombraries
postkasse
bústia de correu
hage
jardí

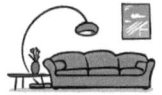

stue

sala d'estar

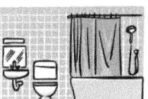

bad

bany

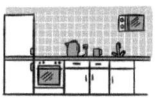

kjøkken

cuina

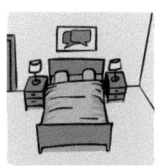

soverom

cambra de dormir

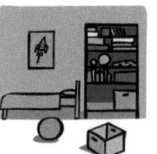

barnerom

cambra de nen

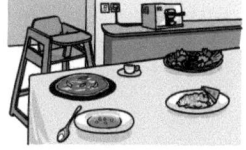

spisestue

menjador

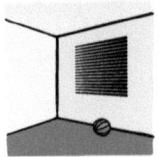

gulv

sòl

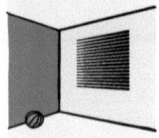

vegg

paret

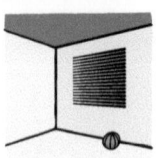

tak

sostre

kjeller

soterrani

badstue

sauna

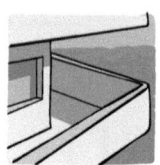

balkong

balcó

terrasse

terrassa

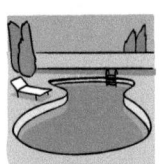

svømmebasseng

piscina

gressklipper

tallagespa

laken

vànova

dyne

cobrellit

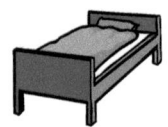

seng

llit

kost

escombra

bøtte

galleda

bryter

interruptor

stue
sala d'estar

tapet
paper de paret
bilde
quadre
lampe
làmpada
hylle
prestatge
skap
armari
tv
televisor
peis
escalfapanxes
blomst
flor
pute
coixí
sofa
sofà
vase
gerro
fjernkontroll
telecomanda

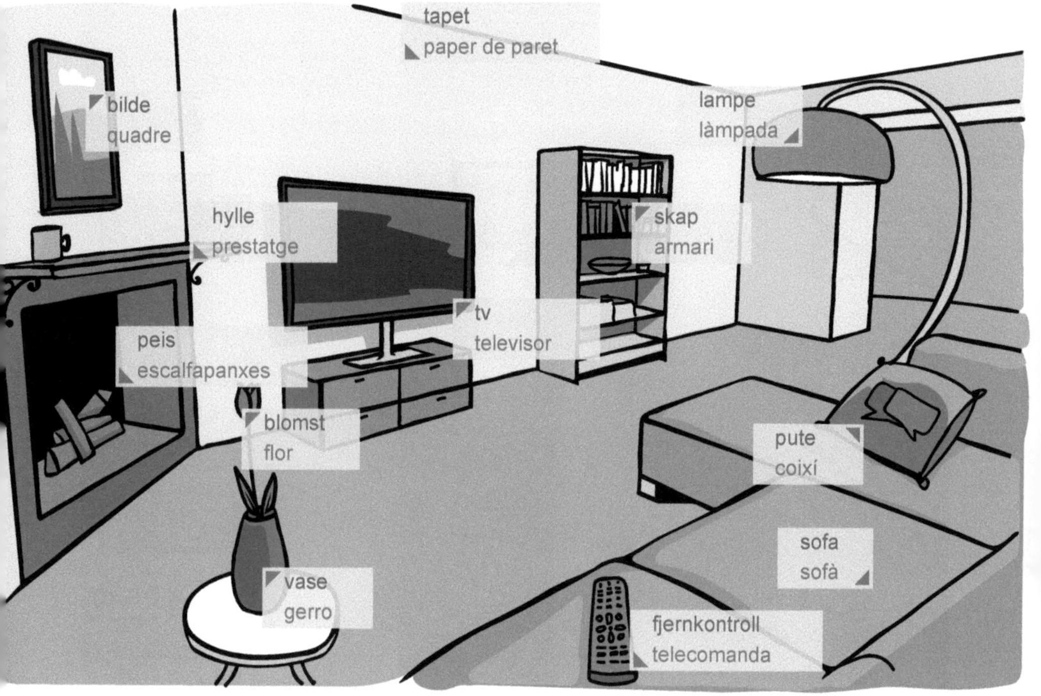

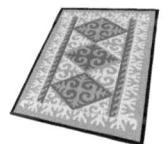

gulvteppe

catifa

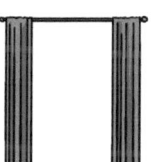

gardin

cortina

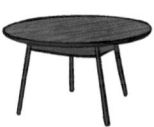

bord

taula

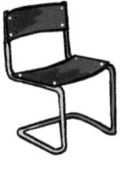

stol

cadira

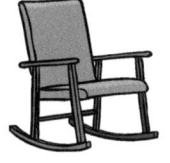

gyngestol

cadira gronxadora

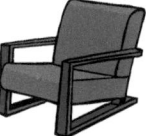

lenestol

cadiral

bok

llibre

teppe

llençol

dekorasjon

decoració

ved

llenya

film

film

stereoanlegg

cadena de música

nøkkel

clau

avis

diari

maleri

pintura

plakat

cartell

radio

ràdio

notatblokk

bloc de notes

støvsuger

aspiradora

kaktus

cactus

lys

candela

kjøkken
cuina

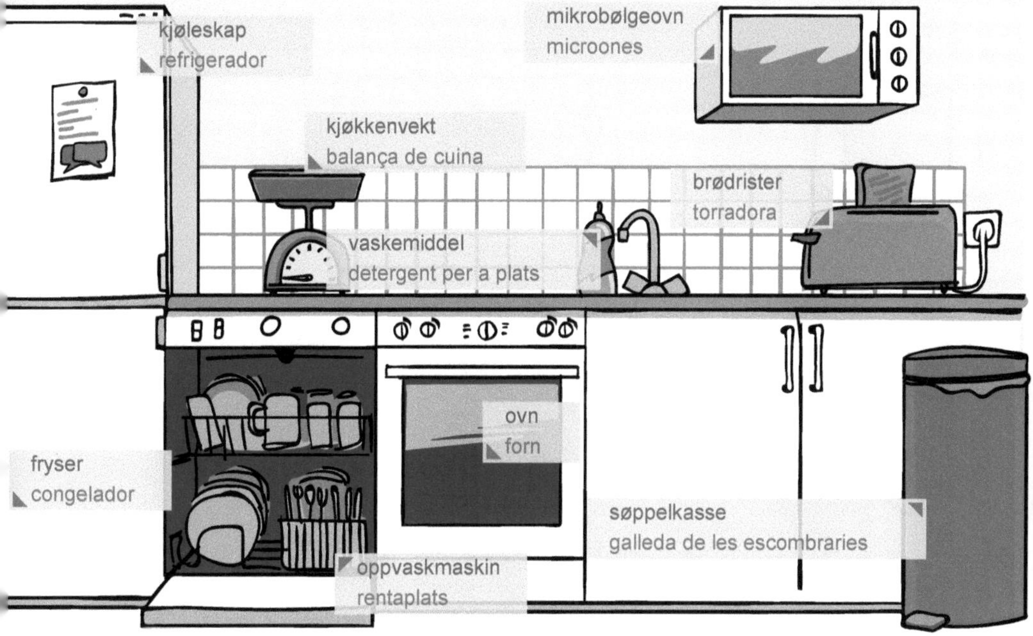
kjøleskap
refrigerador
mikrobølgeovn
microones
kjøkkenvekt
balança de cuina
brødrister
torradora
vaskemiddel
detergent per a plats
ovn
forn
fryser
congelador
søppelkasse
galleda de les escombraries
oppvaskmaskin
rentaplats

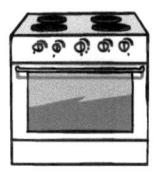

komfyr
cuina de fogons

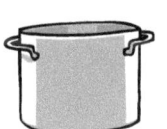

gryte
olla

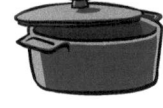

jerngryte
olla de ferro colat

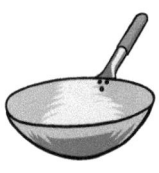

wokpanne
wok / karahi

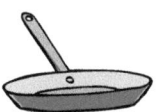

panne
paella

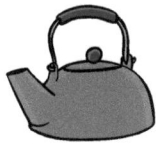

vannkoker
bullidor

dampovn

olla de vapor

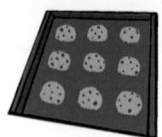

stekebrett

plata de forn

servise

vaixella

krus

tassa grossa

bolle

bol

spisepinner

bastonets xinesos

øse

culler

stekespade

espàtula

visp

batedor

sil

colador

sil

sedàs

rivjern

ratllador

mørtel

morter

grill

barbacoa

bål

foc a terra

skjærefjøl

taula de tallar

kjevle

corró

korketrekker

llevataps

boks

pot de conserva

boksåpner

obridor

gryteklut

agafador

vask

aigüera

børste

raspall

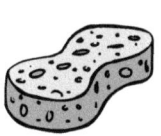

svamp

esponja

blender

batedora

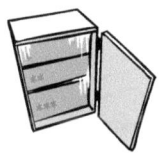

fryseboks

congelador

tåteflaske

biberó

kran

aixeta

varme
calefacció

dusj
dutxa

håndkle
tovallola

dusjforheng
cortina de dutxa

skumbad
bany de bombolles

badekar
banyera

glass
got

vaskemaskin
rentadora

kran
aixeta

fliser
rajoles

potte
orinal

vask
aigüera

toalett

lavabo

ståtoalett

lavabo turc

bidet

bidet

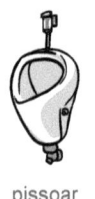

pissoar

orinador

toalettpapir

paper higiènic

toalettbørste

escombreta de sanitari

tannbørste

raspall de dents

tannkrem

pasta de dents

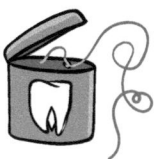

tanntråd

fil dental

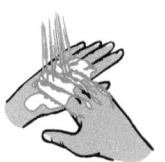

vaske

rentar

hånddusj

pom de dutxa

intimdusj

dutxa íntima

oppvaskbalje

rentamans

ryggbørste

raspall per a l'esquena

såpe

sabó

dusjsåpe

gel de dutxa

sjampo

xampú

vaskeklut

manyopla de bany

avløp

bonera

krem

crema

deodorant

desodorant

speil

mirall

håndspeil

mirall-espill de mà

barberhøvel

maquineta de rasar

barberskum

espuma de barbejar

barberingsvann

loció post-rasada

kam

pinta

børste

raspall

hårføner

eixugador

hårspray

laca

sminke

maquillatge

lebestift

pintallavis

neglelakk

esmalt d'ungles

bomullsdott

cotó

neglesaks

tallaungles

parfyme

perfum

toalettmappe

estoig de bellesa

krakk

tamboret

vekt

bàscula

badekåpe

barnús

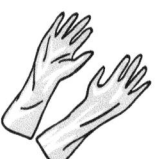

gummihansker

guants de goma

tampong

compresa higiènica

sanitetsbind

compresa

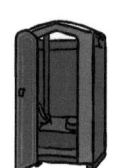

kjemisk toalett

sanitari químic

barnerom

cambra de nen

vekkerklokke
despertador
kosedyr
animal de peluix
lekebil
auto de joguina
rangle
sonall
dukkehus
casa de nines
gave
present

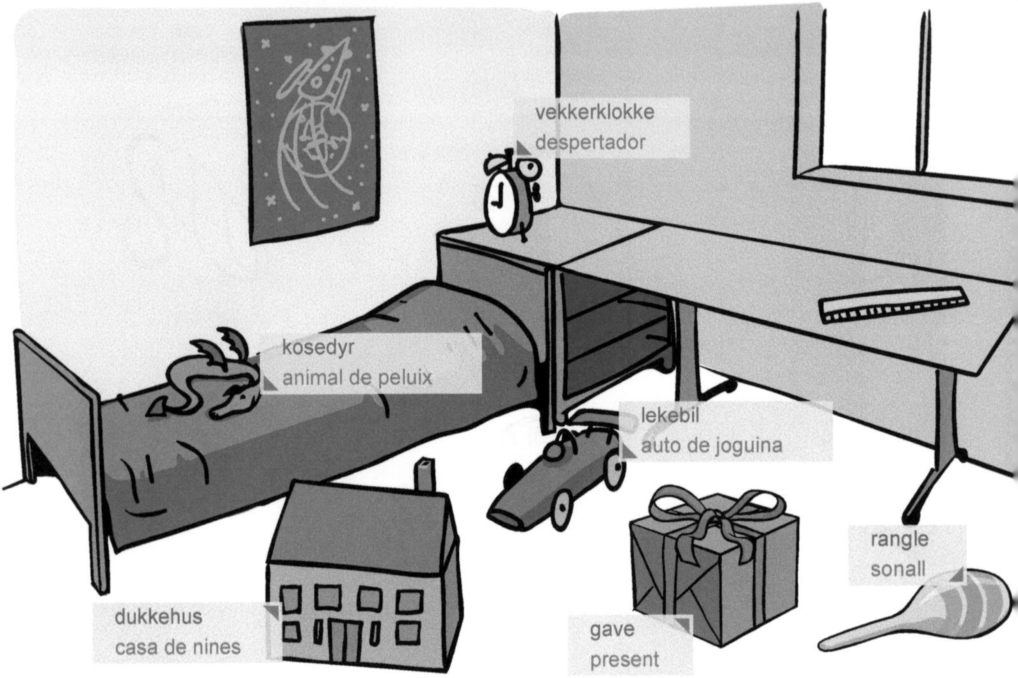

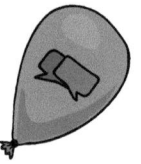

ballong

baló

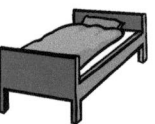

seng

llit

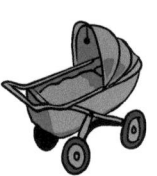

barnevogn

cotxet per a nens

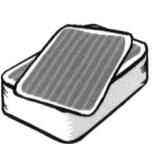

kortstokk

joc de cartes

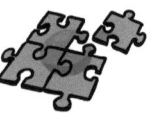

puslespill

trencaclosca

SUPER
MEGA

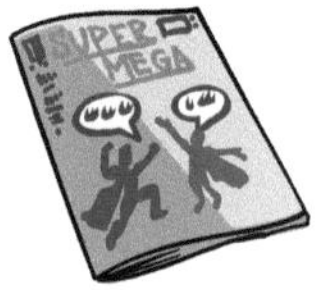

tegneserie

historieta

lego klosser

peces de lego

byggeklosser

peces de construcció

actionfigur

ninot d'acció

sparkebukse

granota

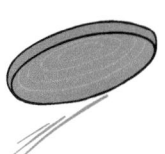

frisbee

frisbee

uro

mòbil per a bressol

brettspill

joc de taula

terning

daus

togbane

tren elèctric

smokk

xumet

fest

festa

bildebok

llibre de dibuixos

ball

pilota

dukke

nina

leke

jugar

sandkasse

sorrera

gynge

gronxador

leketøy

joguines

spillekonsoll

consola de jocs de vídeo

trehjulssykkel

tricicle

bamse

osset de peluix

garderobeskap

armari

klær

roba

sokker

mitjons

strømper

mitges

strømpebukse

mitja pantaló

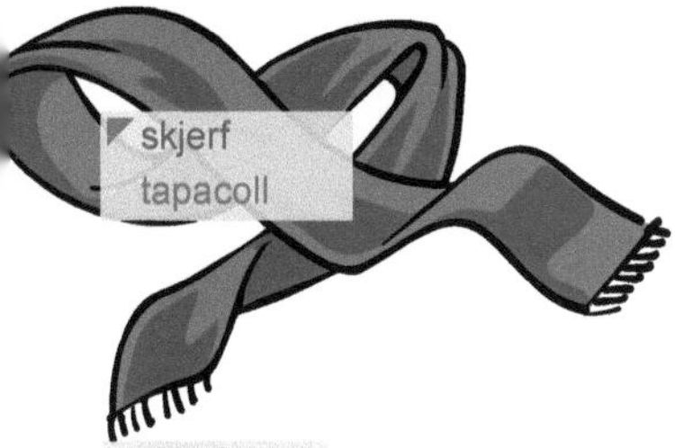

skjerf
tapacoll

paraply
paraigua

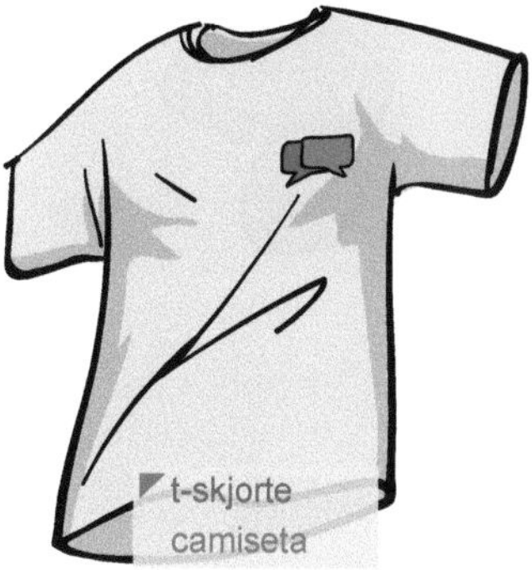

t-skjorte
camiseta

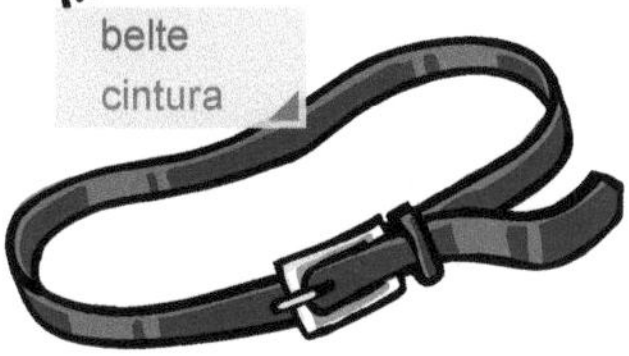

belte
cintura

sneakers
sabates d'esport

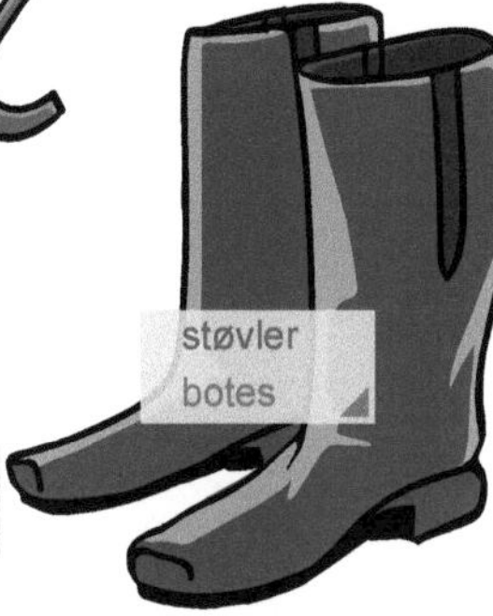

støvler
botes

tøfler
plantofes

sandaler
sandàlies

sko
sabates

gummistøvler
botes de goma

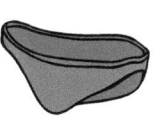

underbukse
calçonets

BH
sostenidor

undertrøye
guardapits

body

jjustacòs

bukse

pantalons

dongeribukse

jeans

skjørt

faldeta

bluse

brusa

skjorte

camisa

genser

jersei

hettegenser

dessuadora

dressjakke

blazer

jakke

jaqueta

kåpe

mantell

regnjakke

impermeable

drakt

vestit de dona

kjole

vestit de dona

brudekjole

vestit de núvia

dress

vestit d'home

nattkjole

camisa de dormir

pyjamas

pijama

sari

sari

skaut

mocador de cap

turban

turbant

burka

burca

kaftan

caftan

abaya

abaia

badedrakt

vestit de bany

badebukse

calçon(et)s de bany

shorts

pantalons curts

treningsklær

xandall

forkle

davantal

handske

guants

knapp

botó

brille

ulleres

armbånd

braçalet

kjede

collaret

ring

anell

øredobb

orellera

lue

casquet

kleshenger

penjador

hatt

capell

slips

corbata

glidelås

cremallera

hjelm

casc

bukseseler

elàstics

skoleuniform

uniforme escolar

uniform

uniforme

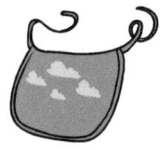

smekke

pitet

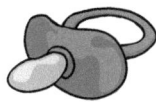

smokk

xumet

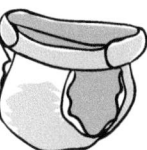

bleie

bolquer

kontor

oficina

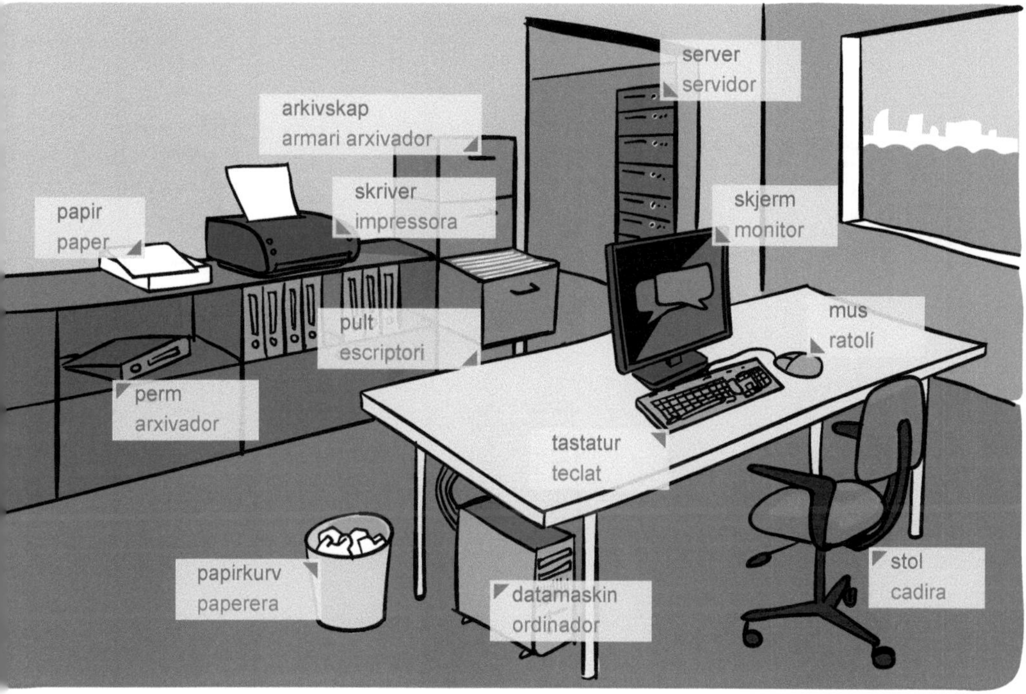
server
servidor
arkivskap
armari arxivador
skriver
impressora
papir
paper
skjerm
monitor
mus
ratolí
pult
escriptori
perm
arxivador
tastatur
teclat
papirkurv
paperera
datamaskin
ordinador
stol
cadira

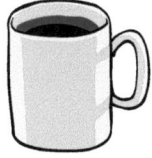

kaffekopp

tassa de cafè

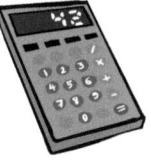

kalkulator

calculadora

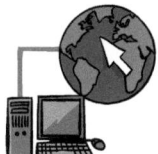

internett

Internet

bærbar pc

ordinador portàtil

brev

lletra

beskjed

missatge

mobiltelefon

mòbil

nettverk

xarxa

kopimaskin

fotocopiadora

programvare

programari

telefon

telèfon

stikkontakt

presa de corrent

faksmaskin

fax

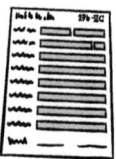

skjema

formulari

dokument

document

kjøpe

comprar

betale

pagar

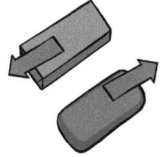

handle

comerciar

penger

diners

dollar

dòlar

euro

euro

yen

ien

rubel

ruble

sveitserfranc

franc suís

renminbi

renminbi

rupi

rupia

minibank

caixa automàtica

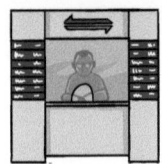

vekslingskontor

oficina de canvi

gull

or

sølv

argent

olje

petroli

energi

energia

pris

preu

kontrakt

contracte

avgift

impost

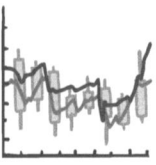

aksje

acció

jobbe

treballar

ansatt

treballador

arbeitsgiver

empresari

fabrikk

fàbrica

butikk

botiga

yrker
oficis

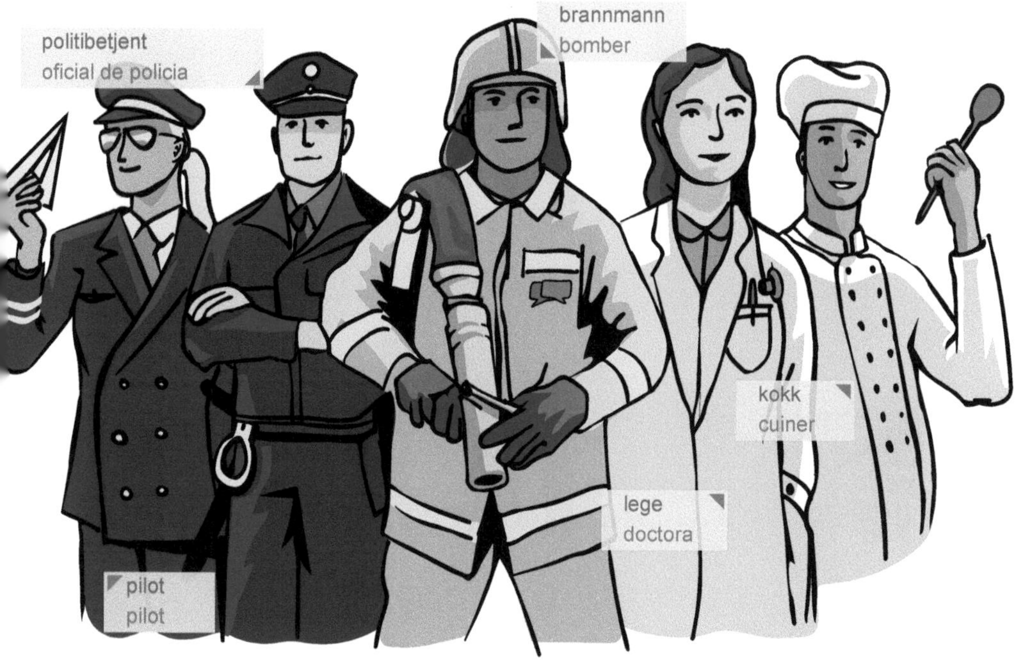
brannmann
bomber
politibetjent
oficial de policia
kokk
cuiner
lege
doctora
pilot
pilot

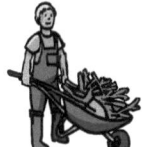

gartner

jardiner

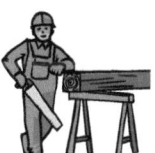

snekker

fuster

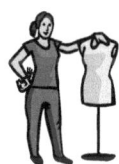

syerske

costurera

dommer

jutge

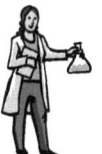

kjemiker

química

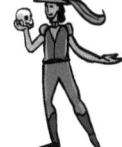

skuespiller

actor

bussjåfør

conductor d'autobús

taxisjåfør

taxista

fisker

pescador

vaskedame

dona de la neteja

taktekker

ensostrador

kelner

cambrer

jeger

caçador

maler

pintor

baker

forner

elektriker

electricista

bygningsarbeider

obrer de la construcció

ingeniør

enginyer

slakter

carnisser

rørlegger

llanterner

postbud

correu

soldat

soldat

arkitekt

arquitecte

kasserer

caixera

blomsterhandler

florista

frisør

perruquer

konduktør

revisor

mekaniker

mecànic

kaptein

capità

tannlege

dentista

forsker

científic

rabbi

rabí

imam

imam

munk

monjo

prest

capellà

verktøy
eines

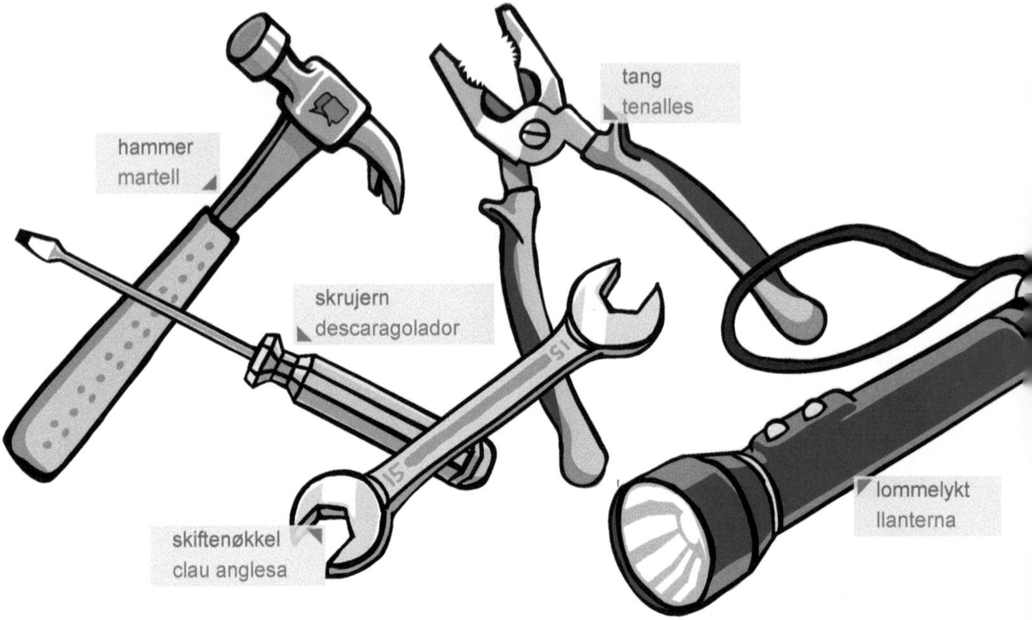

hammer
martell
tang
tenalles
skrujern
descaragolador
skiftenøkkel
clau anglesa
lommelykt
llanterna

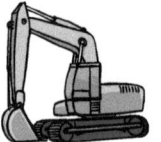

gravemaskin

excavadora

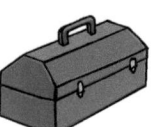

verktøykasse

caixa d'eines

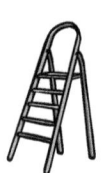

stige

escala

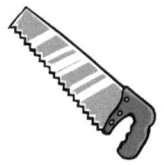

sag

serra

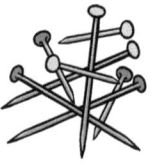

spiker

claus

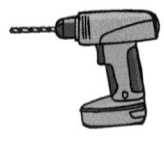

bor

trepant

reparere
reparar

spade
pala

Søren!
Maleït siga!

feiebrett
pala

malingsspann
pot de pintura

skruer
caragols

musikkinstrument
instrument de música

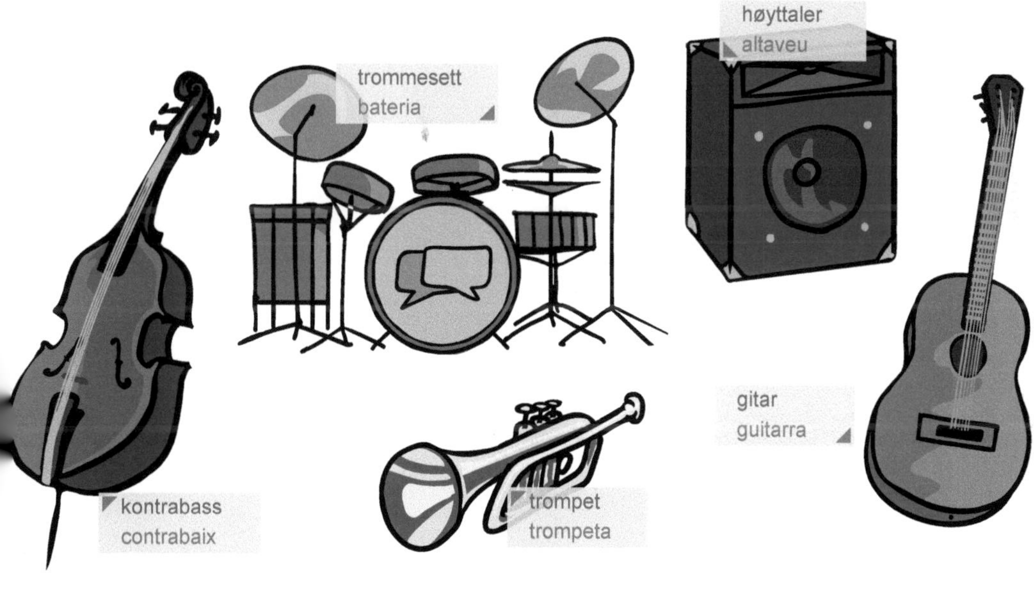

trommesett
bateria

høyttaler
altaveu

gitar
guitarra

kontrabass
contrabaix

trompet
trompeta

piano

piano

fiolin

violí

bass

baix

pauke

timbal

trommer

tambor

keyboard

teclat

saksofon

saxofon

fløyte

flauta

mikrofon

micròfon

musikkinstrument - instrument de música

dyrehage

zoo

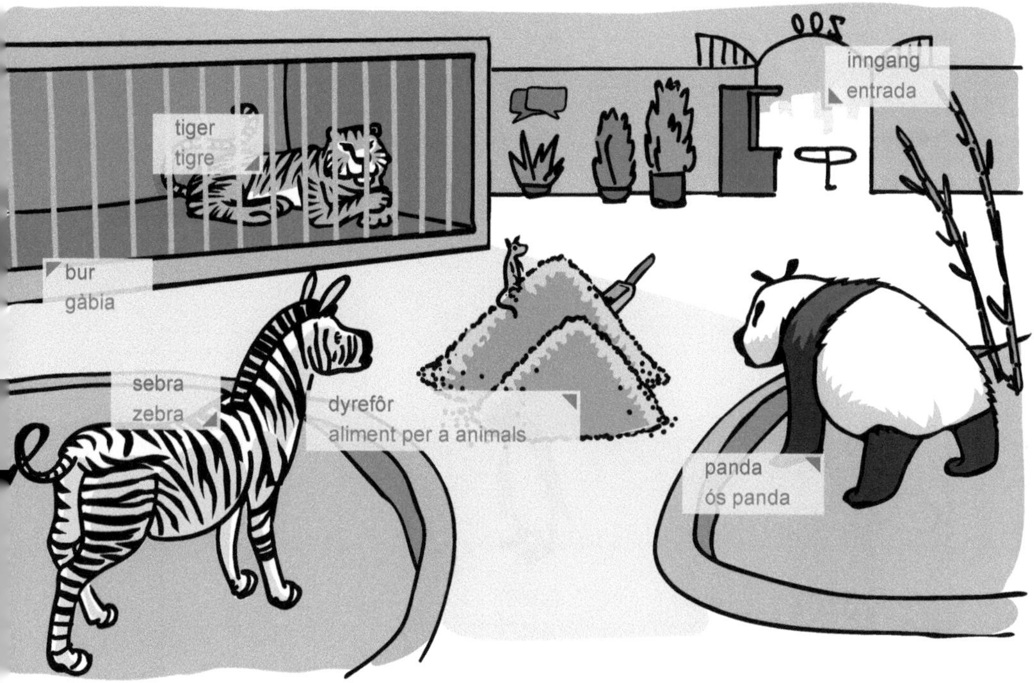

inngang
entrada
tiger
tigre
bur
gàbia
sebra
zebra
dyrefôr
aliment per a animals
panda
ós panda

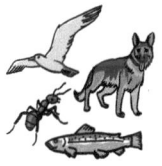

dyr

animals

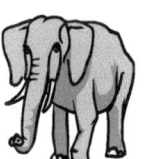

elefant

elefant

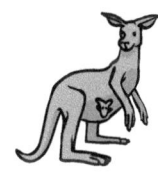

kenguru

cangurú

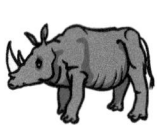

neshorn

rinoceront

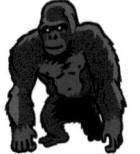

gorilla

goril·la

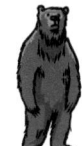

bjørn

ós

kamel

camell

struts

estruç

løve

lleó

ape

simi

flamingo

flamenc

papegøye

papagai

isbjørn

ós polar

pingvin

pingüí

hai

ca mari

påfugl

paó

slange

serp

krokodille

cocodril

dyrepasser

guardià del zoo

sel

foca

jaguar

jaguar

ponni	leopard	flodhest
poni	lleopard	hipopòtam

giraff	ørn	villsvin
girafa	àliga	senglar

fisk	skilpadde	hvalross
peix	tortuga	morsa

rev	gaselle	
guineu	gasela	

sport
esports

amerikansk fotball
futbol americà

sykling
ciclisme

tennis
tenis

basketball
bàsquet

svømming
natació

boksing
boxa

ishockey
hoquei sobre gel

fotball
futbol americà

badminton
bàdminton

friidrett
atletisme

håndball
handbol

stå på ski
esquí

polo
polo

aktiviteter
activitats

le
riure
hoppe
saltar
klemme
abraçar
gå
anar
synge
cantar
drømme
somiar
be
pregar
kysse
fer un petó

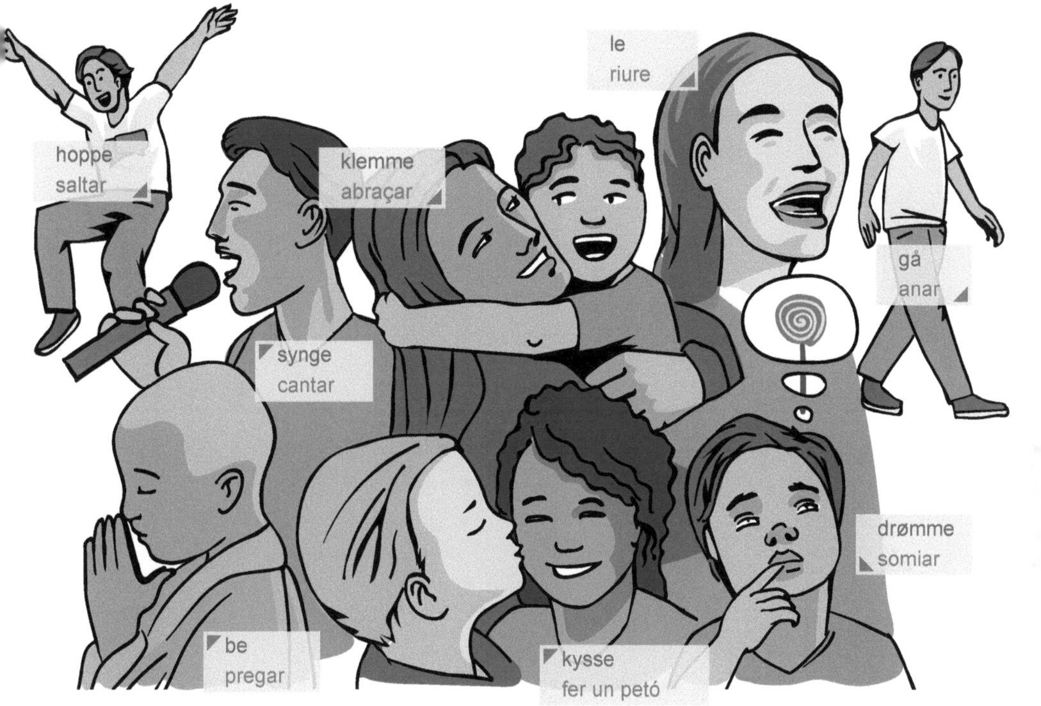

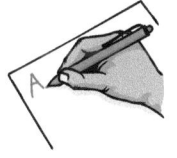

skrive

escriure

tegne

dibuixar

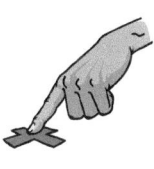

vise

mostrar

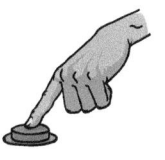

trykke

pitjar

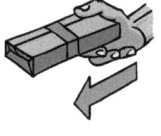

gi

donar

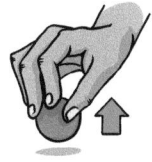

ta

prendre

ha
tenir

gjøre
fer

være
ésser

stå
estar dret

løpe
córrer

dra
estirar

kaste
llançar

falle
caure

ligge
jeure

vente
esperar

bære
portar

sitte
asseure's

kle på
vestir-se

sove
dormir

våkne
despertar-se

se på
....
mirar

gråte
....
plorar

stryke
....
amoixar

gre
....
pentinar

snakke
....
parlar

forstå
....
comprendre

spørre
....
demanar

høre
....
escoltar

drikke
....
beure

spise
....
menjar

rydde
....
endreçar

elske
....
estimar

lage mat
....
cuinar

kjøre
....
conduir

fly
....
volar

seile

navegar

regne

calcular

lese

llegir

lære

aprendre

jobbe

treballar

gifte seg

casar-se

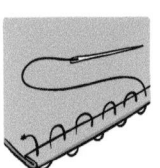

sy

cosir

pusse tenner

raspallar-se les dents

drepe

matar

røyke

fumar

sende

enviar

bestemor
àvia

bestefar
avi

far
pare

mor
mare

baby
nadó

datter
filla

sønn
fill

gjest

convidat

tante

tia

onkel

oncle

bror

germà

søster

germana

kropp

cos

panne
front
øye
ull
skulder
espatlla
finger
dit
fjes
cara
hake
barbeta
hånd
mà
ben
cama
bryst
pit
arm
braç

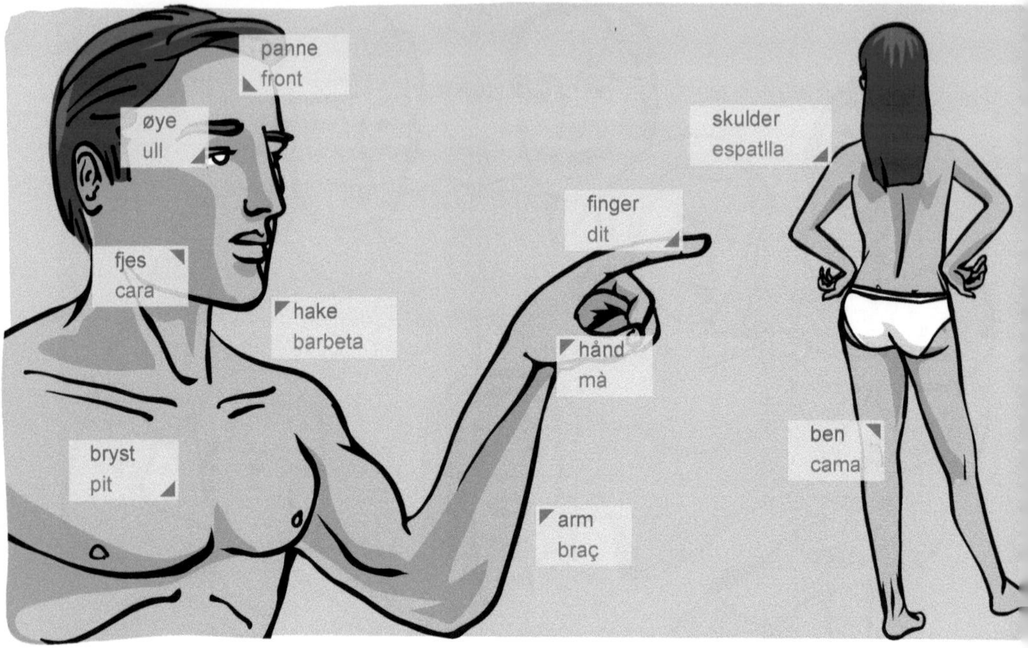

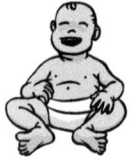

baby

nadó

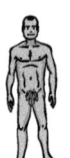

mann

home

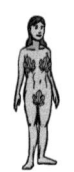

kvinne

dona

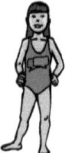

jente

noia

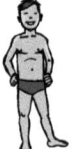

gutt

noi

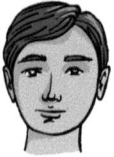

hode

cap

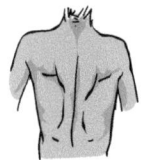

rygg

esquena

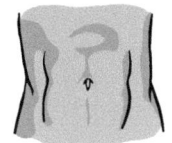

mage

panxa

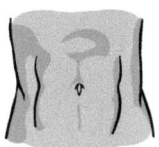

navle

melic

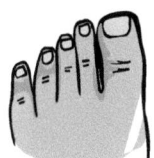

tå

dit gros del peu

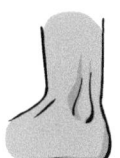

hæl

taló

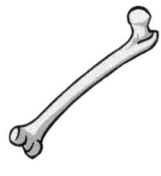

bein

os

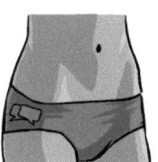

hofte

maluc

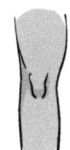

kne

genoll

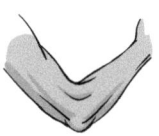

albue

colze

nese

nas

rumpe

cul

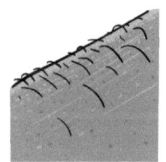

hud

pell

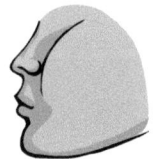

kinn

galta

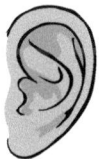

øre

orella

leppe

llavi

munn

boca

tann

dent

tunge

llengua

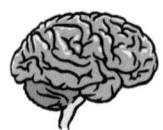

hjerne

cervell

hjerte

cor

muskel

múscul

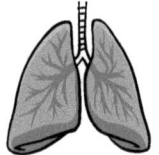

lunge

pulmó

lever

fetge

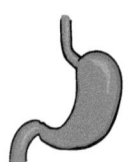

magesekk

estómac

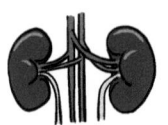

nyrer

ronyó

samleie

relació sexual

kondom

preservatiu

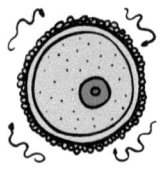

eggcelle

ovari

sæd

semen

graviditet

prenyat

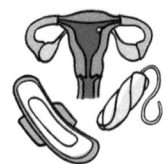

menstruasjon
menstruació

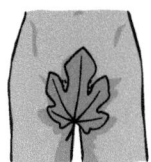

vagina
vagina

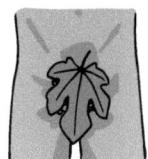

penis
penis

øyenbryn
cella

hår
cabells

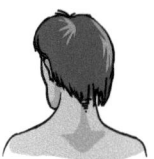

hals
coll

sykehus
hospital

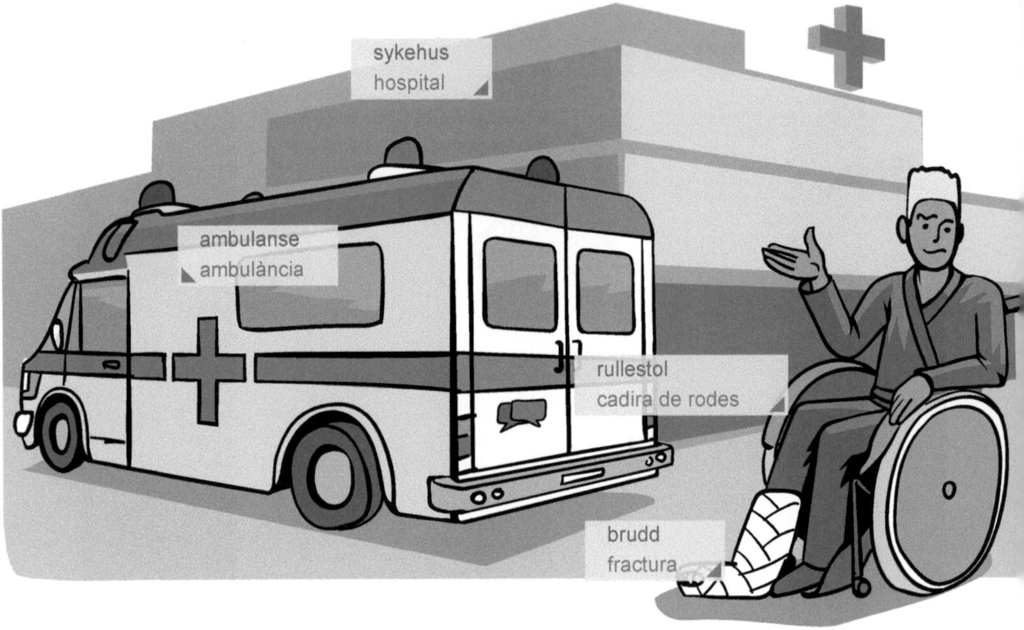
sykehus
hospital
ambulanse
ambulància
rullestol
cadira de rodes
brudd
fractura

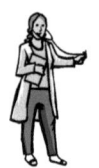

lege

doctora

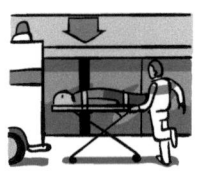

akuttmottak

sala d'urgències

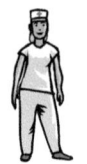

sykepleier

infermera

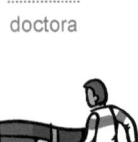

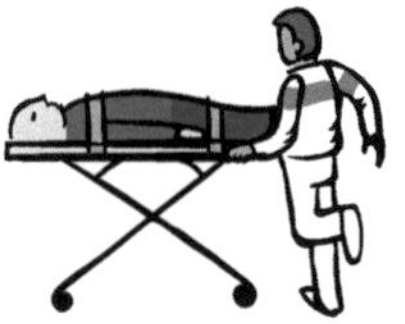

nødsituasjon

urgència

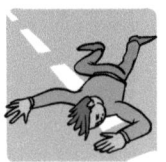

bevisstløs

inconscient

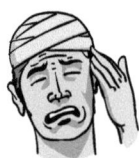

smerte

dolor

skade

ferida

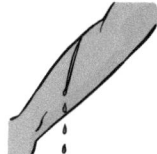

blødning

sagnament

hjerteinfarkt

atac de cor

hjerneslag

apoplexia

allergi

al·lèrgia

hoste

tos

feber

febre

influensa

gripa

diaré

diarrea

hodepine

mal de cap

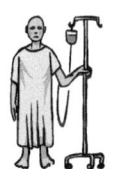

kreft

càncer

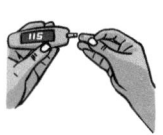

diabetes

diabetis

kirurg

cirurgià

skalpell

escalpel

operasjon

operació

CT

tomografia computada (TC), TAC

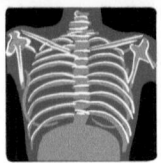

røntgen

raigs x

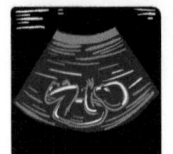

ultralyd

ultrasò

ansiktsmaske

mascareta

sykdom

malaltia

venterom

sala d'espera

krykke

crossa

plaster

tireta

bandasje

embenat

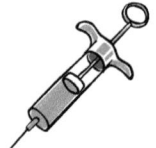

injeksjon

injecció

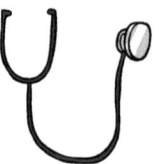

stetoskop

estetoscopi

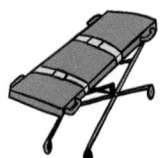

båre

llitera

klinisk termometer

termòmetre clínic

fødsel

pariment

overvekt

sobrepès

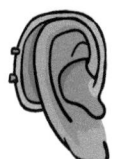

høreapparat

aparell auditiu

desinfeksjonsmiddel

desinfectant

infeksjon

infecció

virus

virus

HIV/AIDS

VIH / SIDA

medisin

medicina

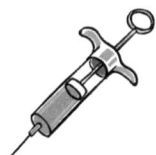

vaksinasjon

vaccí

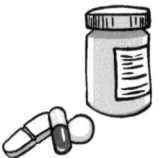

tabletter

comprimits

pille

píl·lola

nødanrop

trucada d'urgència

blodtrykksmåler

tensiòmetre

syk / frisk

malalt / sà

Hjelp!	alarm	overfall
Socors!	alarma	assalt
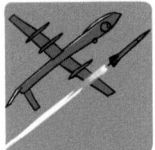		
angrep	fare	nødutgang
atac	perill	sortida-eixida d'urgència

Brann!	brannslukker	ulykke
Foc!	extintor	accident
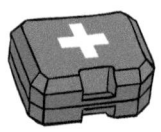		
førstehjelpsskrin	SOS	politi
farmaciola de primers auxilis	SOS	policia

Europa

Europa

Nord-Amerika

Amèrica del Nord

Sør-Amerika

Amèrica del Sud

Afrika

Àfrica

Asia

Àsia

Australia

Austràlia

Atlanterhavet

Atlàntic

Stillehavet

Pacífic

Det indiske hav

Oceà Índic

Sørishavet

Oceà Antàrtic

Nordishavet

Oceà Àrtic

Nordpolen

pol nord

Sydpolen

pol sud

Antarktis

Antàrtida

jorden

terra

land

país

sjø

mar

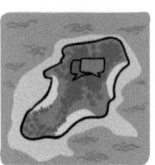

øy

illa

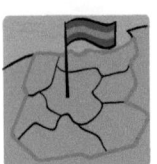

nasjon

nació

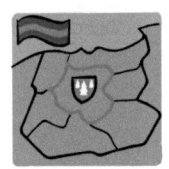

stat

estat

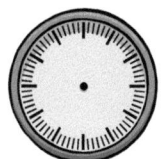

urskive
....
quadrant

timeviser
....
agulla de les hores

minuttviser
....
agulla dels minuts

sekundviser
....
agulla dels segons

Hva er klokken?
....
Quina hora és?

dag
....
dia

tid
....
temps

nå
....
ara

digitalklokke
....
rellotge digital

minutt
....
minut

time
....
hora

uke
setmana

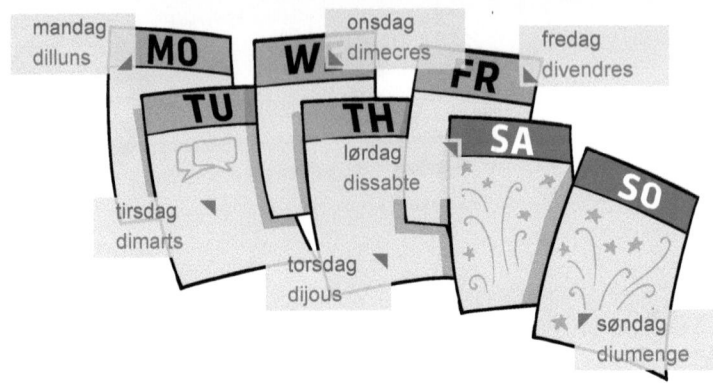

mandag
dilluns

onsdag
dimecres

fredag
divendres

tirsdag
dimarts

lørdag
dissabte

torsdag
dijous

søndag
diumenge

i går
ahir

i dag
avui

i morgen
demà

morgen
matí

middag
migdia

kveld
tarda

MO	TU	WE	TH	FR	SA	SU
1	2	3	4	5	6	7
8	9	10	11	12	13	14
15	16	17	18	19	20	21
22	23	24	25	26	27	28
29	30	31	1	2	3	4

arbeidsdag
dia feiner

MO	TU	WE	TH	FR	SA	SU
1	2	3	4	5	6	7
8	9	10	11	12	13	14
15	16	17	18	19	20	21
22	23	24	25	26	27	28
29	30	31	1	2	3	4

helg
cap de setmana

år
any

regn
pluja
regnbue
arc de Sant Martí
snø
neu
vind
vent
vår
primavera
høst
tardor
sommer
estiu
vinter
hivern

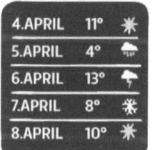

4.APRIL 11°
5.APRIL 4°
6.APRIL 13°
7.APRIL 8°
8.APRIL 10°

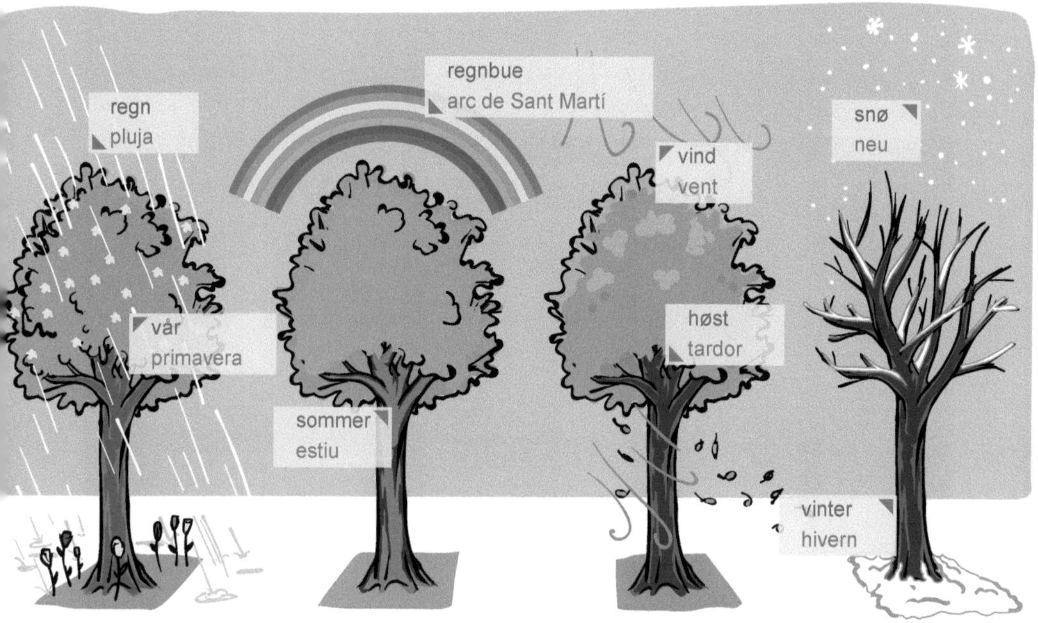

værmelding
pronòstic del temps

F
C
120
90
60
30
0
-30
40
30
20
10
0
-10
-20

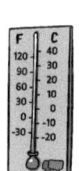

termometer
termòmetre

solskinn
llum del sol

sky
núvol

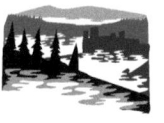

tåke
boira

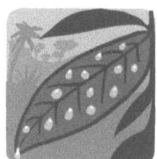

luftfuktighet
humiditat de l'aire

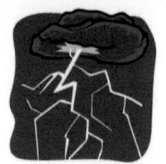

lyn

llamp

torden

tro

storm

tempesta

hagl

calamarsa

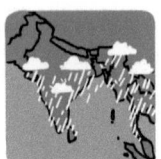

monsun

monsó

oversvømmelse

inundació

is

gel

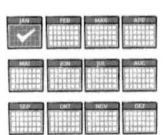

januar

gener

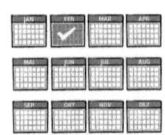

februar

febrer

mars

març

april

abril

mai

maig

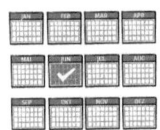

juni

juny

juli

juliol

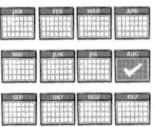

august

agost

år - any

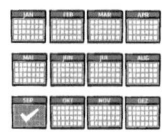

september
setembre

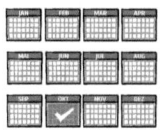

oktober
octubre

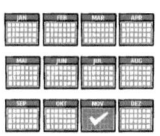

november
novembre

desember
desembre

former
formes

sirkel
cercle

kvadrat
quadrat

rektangel
rectangle

triangel
triangle

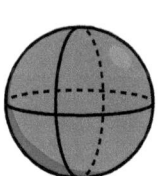

kule
esfera

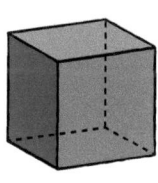

kube
cub

farger
colors

hvit

blanc

gul

groc

oransj

taronja

rosa

rosa

rød

vermell

lilla

lila

blå

blau

grønn

verd

brun

marró

grå

gris

svart

negre

mye / lite

molt / poc

sint / rolig

emprenyat / tranquil

pen / stygg

bonic / lleig

start / slutt

començament / fi

stor / liten

gran / petit

lys / mørk

clar / fosc

bror / søster

germà / germana

ren / skitten

net / brut

fullstendig / ufullstendig

complet / incomplet

dag / natt

dia / nit

død / levende

mort / viu

bred / smal

ample / estret

spiselig / uspiselig

comestible / immenjable

ond / snill

dolent / amable

begeistret / lei

entusiasmat / entediat

tykk / tynn

gros / prim

først / sist

primer / darrer

venn / fiende

amic / enemic

full / tom

ple / buit

hard / myk

dur / tou

tung / lett

pesant / lleuger

sulten / tørst

gana / set

syk / frisk

malalt / sà

ulovlig / lovlig

il·legal / legal

intelligent / dum

intel·ligent / ximple

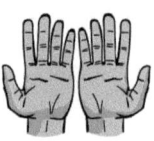

venstre / høyre

esquerra / dreta

nære / langt unna

prop / llunyà

ny / brukt

nou / usat

ingenting / noe

res / quelcom

gammel / ung

vell / jove

på / av

encès / apagat

åpen / stengt

obert / tancat

lavt / høyt

silenciós / sorollós

rik / fattig

ric / pobre

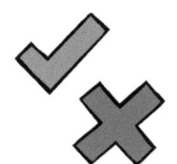

riktig / feil

correcte / incorrecte

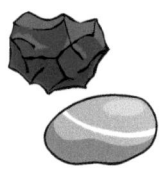

ru / glatt

aspre / suau

trist / glad

trist / content

kort / lang

curt / llarg

langsom / rask

lent / ràpid

vått / tørt

humit / sec - eixut

varm / lunken

calent / fred

krig / fred

guerra / pau

0

null

zero

1

en

u

2

to

dos

3

tre

tres

4

fire

quatre

5

fem

cinc

6

seks

sis

7

sju

set

8

åtte

vuit

9

ni

nou

10

ti

deu

11

elleve

onze

12

tolv

dotze

13

tretten

tretze

14

fjorten

catorze

15

femten

quinze

16

seksten

setze

17

sytten

disset

18

atten

divuit

19

nitten

dinou

20

tjue

vint

100

hundre

cent

1.000

tusen

mil

1.000.000

million

milió

engelsk

anglès

amerikansk engelsk

anglès americà

mandarin

xinès mandarí

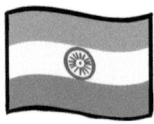

hindi

hindi

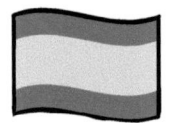

spansk

espanyol

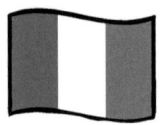

fransk

francès

arabisk

àrab

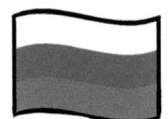

russisk

rus

portugisisk

portuguès

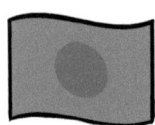

bengali

bengalí

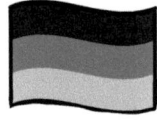

tysk

alemany

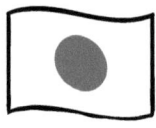

japansk

japonès

jeg
jo

du
tu

han / hun / det
ell / ella / allò

vi
nosaltres

dere
vosaltres

de
ells

hvem?
qui?

hva?
què?

hvordan?
com?

hvor?
on?

når?
quan?

navn
nom

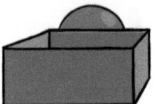

bakom

darrere

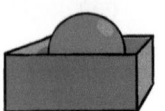

i

en

foran

davant de

over

damunt

på

sobre

under

sota

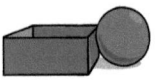

ved siden av

al costat

mellom

entre

sted

lloc